Dieses Buch gehört:

Michael Kernbach

SCHEISSE, IST DAS LANGE HER!

Und du so in den 80ern?

INHALT

Und du so?

Die 80er – einfach das kultigste
Jahrzehnt für mich, weil:

Das fällt mir sofort ein, wenn ich an
meine eigene Zeit in den 80ern denke:

SCHEISSE, IST DAS LANGE HER!

Auch die schönste Frau ist an den Füßen zu Ende!

Auf die Dauer hilft nur Power!

Alle Macht für mich!

LIEBER ARM DRAN ALS ARM AB!

SCHEISS DAS LAN

ALLEN STEHT DAS WASSER BIS ZUM HALS! NUR NICHT RAINER, DER IST KLEINER!

WISSEN IST MACHT. WIR WISSEN NICHTS. MACHT NICHTS!

SCHEISSE, IST AS LANGE HER!

AFTERSHAVE ERSETZT KEIN KLOPAPIER

Chemie und Wahnsinn liegen nahe beieinander!

SCHEISS DAS LANG

Wenn alle Stricke reißen, bleibt uns noch der Galgenhumor!

SCHEISSE, IST DAS LANGE HER!

HAST DU ETWAS ZEIT FÜR MICH?

Komisch: Auf älteren Fotos sieht man viel jünger aus.

Auf diese Frage antworte ich mit einem entschiedenen Vielleicht!

SCHEISSE, IST S LANGE HER!

DAS LEBEN GIBT'S GRATIS, DER REST IST KÄUFLICH.

LEGALIZE ERDBEEREIS!

SCHEISSE, IS DAS LANGE H

BERGAB IST STEILER ALS ZU FUß.

Wem ewig Gutes widerfährt, den nennt man Onkel Dagobert.

SCHEISSE, IST LANGE HER!

Du und die 80er!
DER STOFF, AUS DEM LEGENDEN SIND!

Du und die 80er – Alter, das waren Zeiten! Schulterpolster, Pudelmähne, Karottenjeans und **Riesen-Shirts in Neon-Farben**. Lauf heute mal so rum, dann kommt erst die Polizei und dann der Nervenarzt. Für dich war das damals alles stinknormal. Genauso wie **Freizeitanzüge aus Ballonseide**, Hubba Bubba, Whiskey-Cola, RTL plus und **Super Mario**. Die gute alte Zeit eben. Nur Bekloppte und du mittendrin.

Du bist also ein echter Zeitzeuge. Überlebender einer untergegangenen Welt. Also zeige deinen Nachkommen, was sie alles verpasst haben.

Wer zu spät kommt, den bestraft nun mal das Leben!

Die 80er so...

ZUHAUSE
IN DEN
80ER-JAHREN

Wo (Alb-) Träume wahr wurden!

Weil man in den 80ern keinen Nachbarn nur mit einem Farbfernseher oder einem neuen Auto vor Neid zum Platzen bringen konnte, musste man mit Möbeln zeigen, was man kann.

Die XXL-Wohnlandschaft wurde geboren – und sie war oft so groß, dass man für die neue Sitzgruppe, mit geografischem Muster in Flieder-Mint oder in schwarzem Kunstleder, eine Wand durchbrechen oder gleich ein neues Haus bauen musste.

Dazu passend gesellte sich eine Wohnwand mit beleuchteter Vitrine und Holzimitatfolien „Eiche Rustikal" in den oft hoffnungslos überfüllten Raum, dessen Teppiche und Tischdekorationen in einem weitgehend geschmacksbefreiten Blau-Violett gehalten waren.

Wo der **pastellfarbene Terror** weniger stark wütete, bahnten sich die skandinavischen Billigheimer aus dem fernen IKEA ihren Weg in die Wohnstuben und machten Billy The Board zum meistgesuchten Schraubenhelden Deutschlands. Fototapeten mit Sonnenuntergängen und absurde gestalterische Experimente aus Glas und Chrom rundeten ein Interieur ab, dessen Bausteine selbst die Sperrmülllabfuhr heute mit dem Vermerk **„Annahme verweigert"** am Straßenrand liegenlässt.

Und du so?

Hast du noch ein Foto
von damals im
Wohnzimmer, in der Küche
oder von einem
Einrichtungsgegenstand,
den du schon fast
vergessen hattest?
Kleb es hier ein!

Du meine Güte, die 80er.
Klar kann ich mich
erinnern, wir wohnten:

in der ....

....

in ....

mit der vierstelligen Postleitzahl:

☐ ☐ ☐ ☐

Natürlich wohnte ich damals, wie es sich gehörte, stilecht in einer richtigen WG, zusammen in:

○ einer Erzeugergemeinschaft mit meinen genetischen Urhebern aka Eltern und meinen fehlerhaften Kopien, genannt Geschwister

○ einer basisdemokratischen Gemeinschaft mit einem systemischen Spülproblem

○ wilder Ehe mit wild, wild ....

Die Namen meiner Mitbewohner waren ...

....

....

... und ich kenne auch noch die unserer bekloppten Nachbarn

....

....

Es waren aber auch alternativ bewegte Zeiten, draußen und drinnen.

Ich gestehe, meine Räume mit Pröll wie diesem vollgemüllt zu haben:

ATOMKRAFT? NEIN DANKE

.ausgestrahlt

Standen die 70er-Jahre in Sachen Ausstattung am Abgrund des guten Geschmacks, waren wir in den 80ern schon einen Schritt weiter.

Trage ein:

....

....

....

....

....

....

Aber das war noch nicht alles! Da gab's ja auch noch ...

Natürlich hatten wir damals schon Telefon.
Unsere Nummer war

....

Unser HartPhone war On Lein. Im wahrsten Sinne
des Wortes. Radius fünf Meter. Dann war Schluss!
Und es war nicht von Apple oder Samsung,
sondern ...

○ grün – oder orange. Mit Tastenfeld.
   Aber ohne Apps.
   Dafür mit richtigen Tasten.

○ das einzige im Haus. Alle mussten dasselbe
   Gerät benutzen! Und Mutti hörte alles mit.

○ knallgelb, zwei Meter hoch, und man
   konnte damit schon draußen telefonieren.
   Ein Smartphone-Castle, sozusagen.

Genau wie heute. Also fast.

17

Auch sonst waren wir bereits in den 80ern technisch voll auf der Höhe, ...

... und manche Errungenschaft von damals wartet darauf, wiederentdeckt zu werden, zum Beispiel ...

○ Klappzahlwecker mit umklappenden Zeitanzeigen.

○ Jo-Jos mit Sound und Leerlauf.

○ Faxgerät mit Thermopapierrolle.

○ 3,5-Zoll-Disketten mit 3,5 MB Speicherplatz.

Unser Zalando hieß Mama! Meine schlimmsten Klamotten waren ...

○ von Benetton. Die Armut der anderen hat mich angekotzt!

○ selbst gestrickt und selbst gebatikt, getragen in der Kombi Norwegerpulli und Latzhose. Auch im Sommer.

○ mit Puffärmeln. Und Schulterpolstern. Und in Mint. Das ist heute sogar im Karneval verboten!

○ Wieso schlimm, ich trag die Sachen heute noch!

Überhaupt, Fashion. Wir spielten die volle Bandbreite und konnten alles tragen!

O.k., in Modefragen
waren Mama und ich nicht
einer Meinung.
Beim Essen aber schon!

Meine Top-Drei-Lieblingsgerichte sind heute immer noch:

1. ....

2. ....

3. ....

Und das hier ist ihr bestes Rezept!

Trage ein:

Allerdings war Selbstkochen auch irgendwie so 1979. Vor allem, weil es in den wie Pilze aus dem Boden schießenden Discountern das leckere Fertigessen aus der Fernsehwerbung zu kaufen gab.

Der absolute Lieblingsfraß aus Einwegpackung, Dose, Glas war:

◯ die „Fünf-Minuten-Terrine" von

◯ der „Feuerzauber Texas", gab's nur bei

◯ Pizza „Ristorante" vom Dr.

◯ Fischreste in Paniermehl direkt vom Kutter des Käpt'n

Die 80er so...

1980. Das Jahr der Mauer. Auch wenn es ein paar Jahre gedauert hat, kommt es 1980 zu einem längst überfälligen Verwaltungsakt: Die Mauer wird endlich unter Denkmalschutz gestellt. Eine Maßnahme, die von der Rockband Pink Floyd ausdrücklich begrüßt wird, was sie mit ihrem Album „The Wall" zum Ausdruck bringt. Erst viel später wird deutlich, dass es sich bei der so geehrten Mauer nicht, wie vermutet, um den „antifaschistischen Schutzwall" in Deutschland, sondern um den chinesischen Prototypen handelt. Zum gewöhnlichen Mauerbauwerk zurückgestuft, steht der „Eiserne Vorhang" zwar noch ein paar Jahre, wird aber dann von der Bevölkerung als lästiges Hindernis für den freien Reise- und Warenverkehr einfach niedergerissen. Denkmalschützer (Ost) protestieren, können aber mangels rechtlicher Grundlagen nicht eingreifen.
Ein Stück Zeitgeschichte – endgültig verloren.

Und du so?

Walls of Fame. Erfolg durch Mauern war in den 80ern ein probates Gewinner-Konzept!

Die Mauer? Klar erinnere ich mich.

○ So nannte man doch die Abwehrreihe des FC Bayern in den 80ern.

○ Heute weiß man: Es war nicht alles schlecht.

○ **Eine Mauer? In Deutschland?** Wir haben doch gar keine Grenze zu Mexiko!

○ Ich habe noch ein Stück. Das waren Zeiten.

Kulinarische Höhepunkte waren die Familientreffen. Am besten mit einem kalten Buffet.

Meinen Kopf musste man mit Gewalt aus der Schüssel entfernen, wenn es

....

.... gab!

Gleichzeitig waren diese Familienzusammenkünfte nicht ganz ungefährlich, stellten sie doch mehr als einmal hochtoxische Anschläge auf Leib und Leben der Teilnehmer dar.

Ich weiß nicht wie, aber viele Verwandte überlebten mehrfach einen Giftcockail aus:

○ rohem Schweinemett

○ Feinstaubkonzentrationen von einer Trillion Mikrogramm, weil alle qualmten – und zwar drinnen, bei geschlossenen Fenstern

○ mehreren Stück Buttercremetorte und

○ 4 Cognac, weil … auf drei Beinen kann man nicht stehen

Und sie amüsierten sich auch noch dabei. Sie wussten es einfach nicht besser.

Die 80er so...

SCHULEN, NIX ALS SCHULEN

„Nicht für das Leben, für die Schule lernen wir."
Das war die Basis für Schulbildung in den 80ern, auch wenn es nur ein Teil der Wahrheit war. Denn wir lernten natürlich auch für unsere Eltern und die Pauker, zu denen wir morgens in die Penne latschten.

Auf den ersten Blick schienen wir in der Schule echt beliebt zu sein, denn es gab, als unkündbares Strandgut aus den Babyboomer-Jahrgängen, **reichlich Lehrer für deswegen kleine Klassen.** Kein Wunder, dass wir alle so verdammt schlau geworden sind. Schule gab es in drei Geschmacksrichtungen: Die **Hauptschule** war für die Praktiker, die **Realschule** für die Techniker und das **Gymnasium** für alle Kinder aus Arztfamilien und mit zwei linken Händen. Davon gab es offensichtlich immer mehr, denn die Zahl der Gymnasiasten stieg unaufhörlich. Das ist einer der Hauptgründe dafür, dass **Handwerker heute** nie Zeit zum Arbeiten haben und trotzdem **stinkereich** sind.

Sie gehören zu einer seltenen, seit den 80ern aussterbenden Art. Trotz der insgesamt guten Betreuung und den vielen netten Mitschülern gingen wir oft genug mit eher gemischten Gefühlen in die Lehranstalt. Das lag nicht zuletzt an dem Missstand, dass ständig irgendwas abgefragt und dann auch noch benotet wurde.

Das Finale dieser Prozedur bildete das **„Giftblatt mit Schlagsahne"**, das zuhause dann mal für mehr, mal für weniger gute Laune sorgte. Ausdiskutiert wurden hier sichtbar gewordene Probleme dann schließlich beim Elternsprechtag, wo es genau einen Verantwortlichen für alle Unzulänglichkeiten des Schulsystems gab: uns, die Schüler. Ein Fehlverhalten oder Unfähigkeit der Lehrkräfte war nach der damaligen Sicht auf den Homo sapiens biologisch ausgeschlossen.

Aber irgendwie war es letztlich trotzdem schön in der Schule, weil wir dort immer jemanden hatten, mit dem wir uns wunderbar kaputtlachen konnten.

Technik,
die begeistert!

... gab
es leider
noch
nicht!

Und du so?

Ob Gymi, Haupt-, Real- oder Berufsschule:
Schule war ja irgendwie immer. Ich saß natürlich

○ **ganz weit hinten.**

○ **ganz weit vorn.**

○ **im zentralen Mittelfeld,** um die
Zettelkommunikation zu kontrollieren.

○ im..
.... oder einem anderen.

○ **Schülercafé** wie dem ....
....

**Vom vielen Unterricht mal abgesehen war
die Schule aber eigentlich ganz in Ordnung.**

Immerhin hätte ich sonst nie

....kennengelernt.

Und..

und natürlich ....

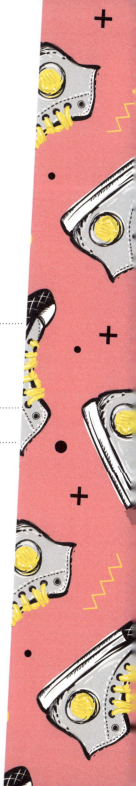

Lauter total Bekloppte, mit denen ich den Schulhof bevölkerte. Wichtigster Hot Spot war der Kiosk des Hausmeisters, der unser Überleben in der menschenfeindlichen Umgebung sicherte.

Dort versorgten wir uns mit unserer Droge Nr. 1, dem Zucker. Der Hausmeister dealte mit

○ Coca-Cola, Lift, **Capri-Sonne.**

○ **Schleckmuscheln**, Colafläschchen, Raider, Bazooka, Lila Pause.

○ Kakao für den **Lumumba.**

○ einem **Brötchen mit** einem „Dessen–Name-nicht-genannt-werden-darf"-**Kuss.**

„Politisch inkorrekt und ernährungsphysiologisch fatal, aber zumindest Gender Mainstream. Bei der Versorgung mit Zuckerdrogen war dem ‚Hausmeisti' das Geschlecht seiner Opfer völlig egal."

Der Schulhof war aber nicht nur fürs Fast Food da.

Nirgendwo sonst konnte man besser in aller Öffentlichkeit heimlich Dinge tun, wie

○ heimlich rauchen.

○ heimlich Hausaufgaben abschreiben.

○ heimlich Schmuddel-Videos tauschen.

○ ....

....

Natürlich wurde man regelmäßig erwischt.
Weil, heimlich auf einem öffentlichen Gelände ... klar,
heute wäre man nicht mehr so doof.

Die beliebteste Strafe der Aufsicht führenden Lehrer war

○ eine Belehrung nicht unter 30 Minuten.

○ eine Belehrung nicht unter 30 Minuten vor versammelter Mannschaft.

○ Hofdienst, ohne Zange.

○ Toilettendienst, ohne Handschuhe.

Kapitel 2

Schule

Außer den Pausen gab es natürlich auch Unterricht. Unsere Lehrer waren fast alle Vollpfosten, vor allem:

....

....

Keiner in der Klasse konnte diese Quälixe besser nachahmen als:

....

Aber es gab auch ein paar nette Lehrer. Ich denke heute noch gern an:

....

....

....

Schule war kein Zuckerschlecken. Das Schwerste war für mich

○ Mathematik.   ○ **wach bleiben.**

○ die Klappe halten.

○ der Diercke-Weltatlas.

In Mathe konnte ich besonders gut nicht

○   den Spatz des Perikles.

○   den Dreisatz
(höchstens mit Hilfestellung vom Sportlehrer).

○   die Bruchlandung.

○   **Punk-Rechnung vor Strichmännchen.**

○   ....

Nichts spiegelte die Kluft zwischen der Illusion unserer Eltern und der Wirklichkeit unserer Ranzen und Tornister besser wider als das Federmäppchen. Zeig mir dein Mäppchen, und ich sage dir, wie du in Mathe stehst.

7   8   9   10   11   12

Die 80er so...

Einen falschen Fuffziger auf ein Zwei-Mark-Stück prägen, das ging nur mit einem: Franz Josef Strauß, dem bajuwarischen Zampano aus München-Maxvorstadt

Nur knapp 2000 Jahre nach der Auswechslung seines eigenen Sohnes ändert Gott erneut die Strategie und setzt wieder verstärkt auf alttestamentarische Tugenden. Wut, Zorn, Macht scheinen ihm die probateren Mittel im Umgang mit dem menschlichen Gegner zu sein.

Aus diesem Grund bringt der Allmächtige Franz Josef Strauß ins Spiel. Einen lupenreinen Brachialangreifer mit wenig Feingefühl und großer Durchschlagskraft.

Nachdem er sich schnell und erfolgreich Bayern untertan gemacht hat, versucht FJS ganz Gallien … äh … Deutschland unter seine Herrschaft zu bringen, scheitert dabei aber an Stahlscheitel Helmut Schmidt, der nur vor einer Sache Angst hat, nämlich dass ihm der Tabak ausgeht. Franz Josef, gedemütigt in den Prozenttälern der Bundestagswahl 1980, zieht sich in die bayerischen Stammwähler zurück, wo er auch heute noch, lange nach seinem Tod, als Geist von Wildbad Kreuth sein Unwesen treibt und in arglose Provinzpolitiker einfährt, die sich, halb wahnsinnig durch seine Einflüsterungen, vor aller Augen lächerlich machen. Wann Gott die Bayern von dieser Geißel wieder befreien wird, ist laut Emnid noch nicht abzusehen.

Und du so?

Franz Josef Strauß. Da klingelt was. War der nicht …

○ der kaiserliche Ehemann
 in „Sissy, eine Kaiserin sucht ihren Weg"?

○ der Erfinder der Jeans, die er unter seinem
 Spitznamen Levy vermarktet hat?

○ ein merkwürdiger Vogel mit Sand im Kopf?

○ a Viach, a Hund, a Greisliger?

Um irgendwie über die Zeit zu kommen, spielten wir alles, was sich irgendwie auf einem Rechenblatt festhalten ließ. Ich war ungeschlagener Meister in allen Blattspielen und mache heute noch alle fertig, zum Beispiel bei

Vier gewinnt!

Oder Käsekästchen.

Komm, trau' dich gegen den Champ!

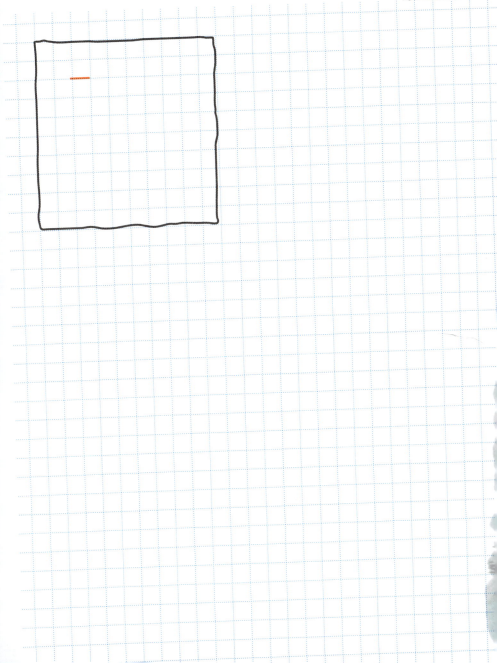

Das Allerbeste an der Schule war aber die Kontaminierung mit dem anderen Geschlecht.

Unser Klassen-Hottie hieß

....

....

Da war die Schlange leider lang und die Konkurrenz erheblich. Um die Optionen breiter zu streuen, schickte man auch schon mal **„Miteinander-gehen"-Einladungen** in die zweite Reihe.

Bei mir waren das diese Kandidaten

1. ....

2. ....

3. ....

Wen hätte ich aber – Stand heute – damals besser mal angemacht?

....

....

Und wen habe ich stattdessen letztendlich abgekriegt?

....

Und danach?

1............................ 2.........................

3............................ 4.........................

5............................ 6.........................

7............................ 8.-12.....................

....

13.-99...

WO DIE WILDEN HOBBYS WOHNEN

Vom heutigen Standpunkt aus muss man ganz klar sagen: Früher war nicht alles schlecht.

Genauer gesagt: Eigentlich fast alles viel besser als heute. Weil die Telefone noch an der Leine lagen und die Post ausschließlich via Briefträger nach Hause kam, gab es im Kalender immer wieder weiße Flecken, die man ausschließlich für sich reklamieren konnte. **Die sogenannte Freizeit,** die leider inzwischen von viel mickrigeren Konstruktionen wie der „Work-Life-Balance" abgelöst worden ist, war ausreichend, um gleich mehreren Hobbys nachhaltig zu frönen – ja, sie war sogar so großzügig bemessen, dass man sich trotzdem gelegentlich langeweilte und aus diesem unschönen Gefühl heraus völlig neue Sachen ausprobierte. Mangels einer virtuellen Vernetzung war man gezwungen, sich regelmäßig in Gruppen zu verabreden und die Freizeit mit anderen zusammen zu gestalten. Den Weg dorthin verkürzten wir uns mit einem Walkman und dann später zusätzlich mit einem Game-Boy. Weil unsere portablen Gadgets noch strictly nach ihren Utilities getrennt waren, können wir auch heute noch mehrere Geräte gleichzeitig usen, ohne einen Burn-out zu getten. Zuhause warteten, neben den angenehmen Folgen der immer beliebter werdenden „Ein Bewohner Ein Fernseher"-Politik, dem Videorecorder und dem nun langsam in die Behausungen einmarschierenden Personal Computer auch Bücher, Puzzles und Musikinstrumente. Zerstreuungsformen, denen man sich konzentriert und über eine längere Zeitspanne hinweg widmen musste, um einen Spaß daraus zu ziehen. Leider (oder Gott sei Dank?) war die Selfie- und Storykultur in den 80ern noch völlig unterentwickelt, so dass wir nur unsere Erinnerungen daran haben.

Und du so?

Die 80er. Kein Smartphone, kein Facebook, kein Instagram. Eine Welt, in der die Kids von heute unweigerlich an Langeweile sterben würden.

Wir nicht! Wir hatten 1000 andere Sachen, die wir tun konnten. Ich beschäftigte mich am liebsten ...

○ mit nüscht. Wir hatten ja nüscht.

○ mit theoretischer Mathematik. Theoretisch machte ich immer meine Matheaufgaben. Praktisch guckte ich lieber SAT 1.

○ mit meiner Zukunft als

☐ Astronaut.   ☐ Königin.

☐ Fußballweltmeister.   ☐ Hollywoodstar.

○ mit Anatomie. Besonders der von

....

○ mit meinem Traumberuf

....

Geworden bin ich dann ja schließlich

....

Wenn man ehrlich ist, war schon in den 80er-Jahren Games daddeln DAS Ding. Alle spielten immer irgendwie irgendwas. Nur runterladen ging noch nicht.

Ich habe am liebsten gespielt:

○ Super Mario

○ Larry in the land of leisure suit

○ Microsoft Flight Simulator

....

Das Prunkstück meiner Game-Sammlung war

....

dicht gefolgt von

....

Unterhaltungselektronik hatte auch einen strategischen Vorteil im Kampf um das andere Geschlecht. Sie bot immer einen unverdächtigen Grund, jemanden auf sein Zimmer einzuladen.

Am liebsten lud ich

....

....

zum Zocken ein.

Dieser Versuch war genau  **mal erfolgreich.**

Fast so wichtig wie die richtigen Computerspiele waren in den 80ern die richtigen Klamotten.

Meine Lieblingsmarken waren

○ Palomino

○ Wrangler

○ Marc O'Polo

○ Fruit of The Loom

○ Benetton

....

Wir konnten einfach alles tragen – und das zur selben Zeit am selben Körper!

Folgende Anziehsachen habe ich gerne miteinander kombiniert:

Die 80er so...

MALENTE ODER MAILAND, HAUPTSACHE SPANIEN!

Als Miami noch ein Ort im Fernsehen war, an dem Don Johnson wohnte, und die Karibik ein Flecken auf der Wetterkarte, wo die Hurrikans tobten, da lagen die Fernreiseziele noch in Europa.

Wenn es einen Place To B. in den 80ern gab, dann war es Costa. Blanca, del Sol, Brava, Cordalis – ganz egal. Hauptsache Spanien.

Eine Reise, zehnmal abenteuerlicher als alle vollbetreuten Abenteuer- und Adventure-Trips von heute, denn es galt schließlich nicht nur die französische, sondern auch noch die spanische Grenze zu überqueren.

Urlaub in Espana, den musste man sich erst mal mit stundenlangem Warten unter praller Sonne in Autos **ohne Klimaanlagen**, mit gefilzten Fahrzeugen und überlangen Passkontrollen hart erarbeiten.

Unter den gestrengen Augen der Guardia Civil traute man sich kaum zu flüstern oder gar zu reden. Manch verschreckter Urlauber stellte sogar das Atmen ein und untermauerte durch sein Dahinscheiden den düsteren Ruhm der spanischen Sonderpolizei.

War die Grenze jedoch überwunden, erwartete uns dort das Paradies. Mit Trockeneis gekühltes Bier, **klebrige Sangria und Fortuna-Zigaretten**, alles bezahlt mit einer Währung, die ähnlich wertig war wie die Schokoladentaler auf unseren Weihnachtstellern, umrahmt von wolkenlosem Himmel und konstant 30 Grad im Schatten – da dachte keiner an Mauritius, Koh Samui oder Malibu Beach. **Sondern nur an Paella und Batida Kirsch.**

Und du so?

Spanien? Olé! Urlaubserinnerung aus Spanien, da fällt mir ein:

◯ Verbrennungen vierten Grades

◯ die Restmünzen von dieser komischen Währung, wie hieß die gleich:

    (a) Petrus   (b) Pesto

    (c) Pesete   (d) Pesos

◯ die Brieffreundschaft. Was die wohl heute so macht? Muss ich mal bei Facebook stalken.

◯ die anderen Urlauber aus Deutschland, mit denen man sich vor Ort so super über die laxe Arbeitsmoral der Einheimischen und die unterirdische Qualität der Brot- und Backwaren austauschen konnte.

Außerdem fällt mir ein:

Auch wenn es dank des neuen Privatfernsehens immer was in der Glotze gab, beherrschten wir auch noch andere Kulturtechniken als „Extreme Couching" und „Binge Watching", zum Beispiel das Lesen. Oft sogar von ganzen Büchern mit mehreren hundert Seiten.

Meine Lieblingsschmöker waren

....

Und meine Lieblingsautoren

....

Fast noch wichtiger als die Bücher waren aber die Zeitschriften. Sie brachten die heißesten, neuen Trends aus der ganzen Welt direkt zu uns nach Hause. Wie Instagram, nur mit Blättern und nur einmal wöchentlich.

Ich las am liebsten

◯ das YPS-Heft!　　◯ Donald Duck & Co.!

◯ ZACK!　　　　　◯ die BRAVO!

◯ die EMMA!　　　◯ den Playboy!

◯ die Bäckerblume!

Investigativer Qualitätsjournalismus machte uns zu gebildeten Kosmopoliten und begleitet mich auch heute noch, sogar bis dahin, wo selbst der Kaiser zu Fuß hingeht.

47

Mangels Internet waren wir gezwungen, uns ständig mit anderen Leuten zu treffen und real Zeit miteinander zu verbringen. Weil die meisten Computerspiele für maximal zwei Player reichten, griffen wir gerne auf die analoge Brettvariante zurück.

Ich liebte besonders:

○ Risiko   ○ Spiel des Lebens

○ Das verrückte Labyrinth

○ Scotland Yard

Außerdem kannten wir 101 Verwendungsmöglichkeiten für ein Kartenspiel.
Am liebsten spielten wir Mau-Mau.

Bei einer Sieben durften/mussten wir

....

Bei einer Acht

....

Bei einem Buben

....

Bei einem As

....

Später, bei Partys und auf Klassenfahrten, war es Strippoker.

Bei einer **9** musste man:

☐☐ Sachen auszuziehen,

bei einer **10** ☐☐ Sachen.

Das Spiel war immer schnell zu Ende, machte aber großen Spaß. Heute käme wer? Richtig – das Jugendamt!

Wollen wir noch mal eine Runde?

Und dann gab es ja noch die Pflicht-Hobbys. Auch wenn der Einstieg in ...

◯ Kommunion-, Konfirmations- und Firmunterricht

◯ Tanzschule ◯ Pfadfinder

◯ Musikverein ◯ Rotary-Club

◯ Turn- und Sportverein „Germania 09"

◯ AA

....

... nicht immer ganz freiwillig war, hatten wir dann doch auch dort oft genug unseren Spaß!

Die 80er so...

FRIENDS WILL BE FRIENDS

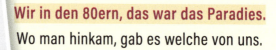

Wir in den 80ern, das war das Paradies. Wo man hinkam, gab es welche von uns.

Gut aussehende, blendend gelaunte junge Leute. Immer Bock auf Blödsinn und immer festen Willens, die ganze Nacht lang zu tanzen und zu feiern. Kein Wunder, dass diese Biomasse der ideale Humus für die „Besten-Freundschaften-für-immer" war und bis heute ist. **Ohne Freunde wäre vieles in dieser Zeit nicht halb so schön bzw. niemals so leicht zu ertragen gewesen.** Auch wenn manche von ihnen eigenartige Spitznamen trugen und sich auch schon mal merkwürdig verhielten, bis an die Grenzen irgendeines vorstellbaren Geschmacks gekleidet oder für ihre Scherze weit über das Viertel hinaus berüchtigt waren. Der eine oder die andere ist über die Jahre vielleicht verlorengegangen, aber **viele sind geblieben** und bilden auch heute noch das Rückgrat für alles, was irgendwie dumm, bekloppt oder eigentlich verboten ist – und genau darum so viel Freude macht!

Und du so?

Boah, ich weiß noch, mein Spitzname
in den 80ern war

....

weil ...

....

....

Den anderen ging es aber auch nicht besser.
Der schönste Spitzname in meiner Clique war

....

direkt gefolgt von

....

und ....

Überhaupt, meine Clique in den 80ern. Das waren
die ehrenwerten Ladys und Gentlemen

....

....

```
      Kleb dein
  eigenes Foto ein!
```

Wanted
Dead O:
Alive

Wir trafen uns regelmäßig im

....

um zu ....

und manchmal auch..

**Ich sah schon echt verdammt gut aus.
Allerdings nicht so gut wie**

....

Und witzig konnte ich sein, Brüller! Die größten
Komiker bei uns waren aber:

....

Wir waren nicht nur Freunde, wir waren auch
Teil einer Jugendbewegung. Und man erkannte
sofort an den Frisuren und den Klamotten,
dass wir

◯ Gothics   ◯ Punks

◯ Alternative   ◯ Popper

◯ eine völlig ausgeflippte Gruppe
  angehender Steuerfachangestellter

waren.

Wir selbst sahen uns allerdings mehr als ...

....

Unser Lebensmotto lautete ...

◯ Kreuzigungsgruppe! Jeder nur ein Kreuz!

◯ Anarchie ist machbar, Herr Nachbar.

◯ Wir sagen ja zu Helmut Kohl!

◯ Olé, Olé, Olé, Olé!

Oder natürlich..

Die 80er so…
WAS WIR SEIN WOLLTEN:

Und wir so...
WAS DABEI HERAUSGEKOMMEN IST:

Kleb dein
eigenes Foto ein!

Kleb dein
eigenes Foto ein!

Zusammen haben wir die beklopptesten Sachen erlebt. Ich werde nie vergessen, wie wir mal ....

....

Wo so viele nette, schöne Menschen zusammenkommen, ging natürlich auch so herzschmerz-beziehungstechnisch Einiges – leider oft auch mal daneben.

Die schönsten Pärchen waren

....

und natürlich

....

Heute noch zusammen sind nur

....

Auch wenn es mit meinem Pic vielleicht optisch nicht für den Cast eines Hollywoodfilms reichte – mit meinem Schatzi von damals namens

....

war ich wenigstens nicht allein beim Rollerskaten und beim Eisessen.

Danke dafür!

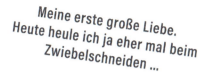

Meine erste große Liebe.
Heute heule ich ja eher mal beim
Zwiebelschneiden ...

Kleb dein
eigenes Foto ein!

Die 80er so…

ICH GEH' KAPUTT, GEHSTE MIT?

Die 80er werden häufig und völlig zu Unrecht als hedonistisches und oberflächliches Jahrzehnt diskreditiert. Dabei ist es eine **Dekade der Philosophie** gewesen, und die Straßenbahnen und Eckkneipen der Republik waren mit Platons und Senecas nur so überfüllt. Die Macht der Erkenntnis brach sich derart gewaltig Bahn, dass oft nichts anderes blieb, als die Quintessenz eines neuen Gedankengebäudes auf die **Wand einer Toilette zu kritzeln** oder in die Rücklehne einer Busbank zu ritzen.

Diese wichtigen Axiome bilden noch heute das Rückgrat eines jeden Regierungsprogramms, und obwohl ihre Bedeutung unter dem Sammelbegriff „Spontisprüche" weit unter ihrem ideellen Wert gehandelt werden, haben es einige sehr große Gedanken in das kollektive Gedächtnis geschafft und sind allgemeine **Lebensleitlinien geworden, wie zum Beispiel:**

Lieber 'n Bauch vom Saufen als 'n Buckel vom Arbeiten

LEGALIZE ERDBEEREIS!V

MORGENSTUND HAT GOLD IM MUND
UND GOLD IM MUND IST UNGESUND.

FREIHEIT FÜR DIE ESKIMOS, WEG MIT DEN ~~EISBERGEN~~ !!!

Gemeinsam sind wir UNAUSSTEHLICH!

Stell dir vor es ist Krieg und keiner schaut fern.

GOTT IST TOT — und mir geht es auch schon ganz schlecht!

PETTING STATT PERSHING!

T + M

Was Krupp in Essen, sind wir im Trinken.

LIEBER KRANK FEIERN ALS GESUND ARBEITEN!

AUF DIE DAUER HILFT NUR POWER.

LEGAL-ILLEGAL-IKEA-REGAL

Lieber arm dran als Arm ab!

BESTE FREI Annat

GENIAL!

Und du so?

Moment mal, da fehlen aber noch ein paar substanzielle Weisheiten, die mein Leben verändert haben!

Der Vollständigkeit halber gehört hier noch ins Protokoll:

- ◯ Wissen ist Macht. Weiß nix, macht nix.
- ◯ Arbeitslos und Spaß dabei.
- ◯ Es ist nie zu spät, noch als schlechtes Beispiel zu dienen.
- ◯ Freiheit für die Gummibärchen, weg mit der Tüte.
- ◯ Außer Tresen nichts gewesen.

Hauptsache Spaß! Wir brauchten keinen Alkohol, um lustig zu sein, nutzten ihn aber gelegentlich als Branntweinbeschleuniger.

Unser Bölkstoff hieß

- ◯ ....- Bier.
- ◯ Batida de Coco.   ◯ Jägermeister.
- ◯ Johnny Walker.   ◯ Grüne Witwe.
- ◯ Kir Royal Himbeer oder Waldmeister.

Und dazu immer einen lustigen Trinkspruch
auf den Lippen.

Unser Kommando hieß ...

○ Nich lang schnacken, Kopp in'n Nacken!

○ Cheerio, Miss Sophie!

○ Zwischen Leber und Milz passt
immer noch ein Pils!

Wenn dann die Stimmung hoch ging, haben wir auch
schon mal seltsame Sachen gemacht. Zum Beispiel
Flaschendrehen.

**Mein schlimmster Horror beim Flaschendrehen
mit Zunge war Action mit**

....

Es ist echt schön, das alles in so ein Buch zu schreiben.
Schöner ist es aber, wenn wir uns
davon erzählen.

Und zwar treffen wir uns am

im..

**Die erste Runde geht auf mich!
Gezeichnet:**

....

Die 80er so...

ES LEBE DER SPORT!

Wir sind die Generation, die Bergabfahren zu „Downhill" und damit zu einer lebensgefährliche Top-Action gemacht haben.

Die 80er Jahre waren die Epoche der Menschheitsgeschichte, in der aus notgedrungener, weil lebensnotwendiger Bewegung endgültig einfach affentittengeiler Sport wurde. Praktiziert in Dresses zum Töten. Man denke nur an: **Aerobic. Discoroller. Skifahren.** Noch Fragen? Vorneweg die Sportgötter, die Geschichte schrieben.

Steffi!, Boris!, „Albatros" Michael Groß! Mittelstreckengott Harald Schmid! Wow! Kein Wunder, dass wir keine Gelegenheit ausließen, selbst bis zum Umfallen zu trainieren.

Wir waren Sport!

Und wer was auf sich hielt, konnte mindestens den Freischwimmer, einen Pokal beim Ponyreiten oder Rückwärtsfahren auf Rollschuhen nachweisen. **Einen Schritt-Tracker brauchte kein Mensch.** Wozu auch, denn wenn man jemanden sehen wollte, musste man sich aufmachen, um ihn zu besuchen. Weil es weder Eltern-Fahrdienst noch einen nennenswerten ÖPNV nach 22:00 Uhr gab, waren wir ohnehin immer in Bewegung.

Kein Wunder, dass wir alle rank und schlank waren, obwohl Ronald McDonald sein cholesterinöses Werk bereits allerorten begonnen hatte und in vielen Haushalten weiterhin alles gegeben wurde, um den Butterberg endlich vollständig abzubauen.

Das weitgehende Fehlen von Rolltreppen an Orten wie Bahnhöfen und der sportliche Zeitgeist sorgten dennoch dafür, dass wir alle jede Menge Topkörper um uns herum bestaunen konnten – und so auch unseren ersten Matratzensport mit echtem Premium-Humanmaterial machen durften.

Und du so?

Der Sport und ich. Das war ...

○ bis zu meinem verletzungsbedingten Rücktritt als ungeschlagener Welt- und Europameister eine Art siamesische Zwillingsbeziehung.

○ wie ein altes Ehepaar: Am Ende siegte die Gewohnheit.

○ eine eher flüchtige Bekanntschaft.

○ Sport? Nie gehört. Haben die mehr Rock oder mehr Pop gespielt?

Zu meinen größten sportlichen Erfolgen gehörten ...

An „Diego" Buchwald und am Schulsport kam letztlich niemand vorbei.

Meine Lieblingsdisziplinen waren:

....

....

....

... ganz im Gegensatz zu

....

....

....

Das war oft genug der beste Platz im Sportunterricht.

In den Turnhallen horteten die Sportlehrer ein wahres Arsenal an Folterwerkzeugen.

Ich habe heute noch Schmerzen vom Training

○ mit den Medizinbällen.

○ am Stufenbarren.

○ Ausdauerhängen an den Ringen
unter dem Hallendach.

○ Seilklettern.

....

....

....

In besonders unangenehmer Erinnerung ist mir der „Best-of"-Einsatz dieser Gerätschaften geblieben, der **„Zirkeltraining"** hieß und eine besonders fiese Schinderei war.

Ich kann mich noch an diese Stationen erinnern:

....

....

....

Keine Schule ohne Zeugnis. Beim Sportfest im Sommer wurde schnell klar, wer gut trainiert hatte. Danach teilte sich die Klasse in Klassen.

Ich war Jahr für Jahr ein

○ Superheld mit Ehrenurkunde.

○ StiNo mit der Teilnehmerurkunde.

○ Paria, dem selbst das nicht gelang und der darum ein Dasein als Unberührbarer in der hintersten Ecke des Schulhofs fristen musste.

Bei den Mannschaftssportarten trennte sich dann der Weizen endgültig von der Spreu. Ich wurde nach dem Tip Tap immer gewählt ...

○ als Allerallererster, logo, oder? Guck mich an!

○ irgendwo in der Mitte. Dabeisein ist alles.

○ als Letzter. Das habe ich dann mit Entzug meiner Hausaufgaben zum Abschreiben geahndet.

○ als Zielscheibe für das Schusstraining, aka Torwart.

Aber nach der Schule war noch lange nicht Schluss. Mein Lieblingssport war

....

und ich war in einem Verein, der hieß

....

Wir gewannen ...

○ regelmäßig die Meisterschaft.

○ wenn einer unserer Väter den Schiedsrichter ersetzte.

○ auch mal was, ich bin ganz sicher!

○ keinen Blumentopf.

Sogar unsere Hobbys waren sportlich. Ich liebte ...

○ Aerobic.

○ Rollschuhfahren (Discoroller).

○ Badminton.

....

....

....

Im Sommer gab es
ohnehin nur einen
Place to be, das Freibad!

Ich schaffte locker ...

☐☐ Bahnen Brust, ☐☐ Bahnen Kraul,

einen Köpper vom ☐☐ Meterbrett,

bin ☐☐ mal vom 10er gesprungen

und hatte einen Wochenschnitt

von ☐☐ Portionen Pommes mit Mayo und Ketchup!

Wenn wir gerade nicht selber sportelten, dann guckten wir auch schon mal gern zu. Mein Lieblingsverein war schon damals

....

Ich erinnere mich noch, dass damals

....

in der 1. Bundesliga spielten.

Und kein Sportler hat mich in den 70ern mehr begeistert als

....

weil ...

....

Selbst am Abend ließ uns der Sport nicht los. Ich war ein echt begabter

◯ Flipperspieler.   ◯ Tischfußball-Kicker.

◯ Kegler.   ◯ Freestyle-Tänzer.

◯ Aufreißer, auch jenseits meiner Preisklasse.

◯ Maulaufreißer.

Die 80er so ...

Die Becker-Faust wurde für viele Millionen unterprivilegierter Menschen zum Symbol des Aufstands gegen herrschende Oberschichten. Glaubt zumindest Boris, dem man dies mehrfach so versichert hat.

Tennis, der weiße Sport, war bis Mitte der 80er in etwa so sexy und spannend wie die olympischen Wettbewerbe in 50 km Gehen oder der Börsenbericht. Bis ER kam. **Boris Becker.** Ein schreiender Erstaufschläger mit einem Benehmen, mit dem man aus einem handelsüblichen Stadtbus heraus direkt in die Ausnüchterung oder in die Geschlossene wandern würde. Ein Filzkugel-Hooligan, der die Körpersprache des American Footballs auf den geheiligten Rasen von Wimbledon trug und dort sogar gleich dreimal damit durchkam. Tennis war plötzlich so populär, dass sogar Lothar Matthäus über eine Umschulung nachgedacht haben soll. Zeitweilig bestand die „Tagesschau" zu 50 Prozent aus Tennisberichten. Danach kamen dann Kleinigkeiten wie das atomare Wettrüsten dran.

Und du so?

Boris Becker, na klar. Der war ...

○ dann später auch noch Präsident der UdSSR. Wahnsinns-Karriere!

○ der uneheliche Vater von Ben Becker, dem dicken Schauspieler.

○ als erster Westeuropäer öfter geschieden als verheiratet.

○ mal ein echter Held ...

Die 80er so...

MUSIK IST TRUMPF!

Egal, wie krass die 80er an allen Stellen waren: Am krassesten war die Musik. So krass.

Musik gab es täglich frisch aus dem Radio, dem Fernsehen oder in der Disco. Wir hörten sie zuhause, beim Joggen auf dem Walkman, unterwegs mit den Freunden aus dem Ghettoblaster.

Ohne Musik ging bei uns gar nix.

Kein Wunder, dass es da dann so eine krasse Auswahl gab. **Prince, Madonna, Michael Jackson, Iron Maiden, Metallica, Depeche Mode, U2.**

Die ganzen Stadien hätte ohne diese Superstars doch keiner gebraucht, und die Fußballer müssten heute noch auf dem Hartplatz kicken. So mächtig war die Musik der 80er.

Dann kam MTV und killte mit Videos den Radiostar. Na ja, nicht ganz, denn die Dudelkiste lief schließlich überall. Küche, Auto, Büro – ohne Musik aus dem Radio war wie ohne Sauerstoff in der Atemluft.

Wie gut der Sound der 80er war, kann man leicht daran erkennen, dass viele Sender ihr Programm seit dieser Zeit einfach nie wieder geändert haben und immer weiter unseren Soundtrack spielen.

„Forever Young". Danke!

Und du so?

MUSIC WAS MY FIRST LOVE ...

... meine erste Schallplatte war natürlich eine:

◯ Vinyl   ◯ CD

◯ Mini-Disc   ◯ Musik-Kassette

von

....

mit dem Titel

....

... und war natürlich eine Single.
Also eine Schallplatte mit zwei Liedern drauf.

Die kostete damals ...

◯ mein halbes Taschengeld.

◯ ein paar Minuten Nerven, bis ich damit
unerkannt aus dem Laden raus war.

◯ vier Deutsche Mark. Ich heule gleich.

Welche Single man als Nächste kaufen wollte,
fand man am schnellsten im Radio heraus.

Mein Sender hieß

....

Und meine Lieblingssendungen waren

....

Ich hockte oft Nachmittage lang vor dem Kasten, um
Songs auf meinem Kassettenrekorder aufzunehmen
und vor dem Kauf erst mal ausführlich Probe zu hören.

**Dabei lernte ich alle Songtitel und ihre Sänger
auswendig und kann sie heute noch aus dem ff.**

„Purple Rain" von ....

....

„Like A Virgin" von ....

....

„Radio Gaga" von ....

....

„Money For ....

von..**Straits.**

„I Wanna New Drug"...von

Huey...........................And The...............................

„Every...........................Take" von The Police.

„Living On A Prayer" von...

„Savin All My Love For You" von Whitney..........................

....

„Billie Jean" von..

Leider waren Musikkassetten empfindliche Zeitgenossen.

Der GAU hieß Bandsalat.

Obwohl es nirgends Magnetband-Rettungs-Tutorials gab, beherrschten alle die Kulturtechnik einer Kassettenreparatur. Wie konnte das nur möglich sein?

Ich wusste mir zu helfen

○ und brachte das kranke Stück zum Kassettendoktor.

○ weinte und schrie, bis Mama mir eine neue Kassette aufnahm.

○ nutze meine McGyver-Fähigkeiten: Bleistift, Tesa und ein bisschen Geduld.

Nach und nach füllten sich dann die Kassetten zu Playlists, aus denen sich schnell die Favoriten herauskristallisierten.

Meine Lieblingsmusiker und -bands waren

....

Meine fünf Lieblingssongs sind bis heute ...

1. ....

2. ....

3. ....

4. ....

5. ....

Die fünf besten Alben aller Zeiten heißen

1. ....

2. ....

3. ....

4. ....

5. ....

Damit wir unsere geliebten Schätze nicht ständig abspielen mussten, fotografierten wir die Platten und sahen uns die Bilder an, während wir die Songs vor uns hinsummten.

Weil wir von besonderem Geblüt waren, bekamen wir auch eigene deutsche Mucke, komplett schlagerfrei:

Die Neue Deutsche Welle.

Die spülte uns die geilsten Texte aller Zeiten in die Ohren.

Ich kann sie noch alle!

DIE NDW-KARAOKE-BAR: ALLE SINGEN MIT!

1. „Dass sowas von sowas kommt, wegen ...."
.... von ....

2. „Hurra, Hurra, die..",
von der Band „Extra...",

3. „Carbonara, e una ...." von ....

4. „Dra di net um, der.." von ....

5. „Da Da Da, ich ...."

von ....

6. „Ich sprüh's an jede Wand.."

von Ina ....

7. „Und ich düse, düse, düse, düse im Sauseschritt, und bring ....
.... von .... "

7. „Skandal, Skandal im ....

von der Spider..

Musik war nicht einfach nur cool, so wie heute.
Wir waren noch echte Fans.
In meinem Zimmer hingen Poster oder sogar ein Starschnitt von

....

Ich kenne die Namen der Mitglieder meiner
Lieblingsband von damals heute noch auswendig.
Sie hießen

....

Das schönste Geschenk, das man seinen Freunden
und Angebeteten machen konnte, war ein selbst
aufgenommenes <mark>Mix-Tape.</mark>
Ich habe selbst welche verschenkt, und zwar an

....

Aber es gab ja nicht nur Radio. Auch im Fernsehen sah
man immer öfter die singenden und rockenden Helden.
Wir verpassten keine Folge von ...

- ◯ Bananas.
- ◯ Plattenküche.
- ◯ ZDF-Hitparade.
- ◯ ALLES auf MTV.
- ◯ Formel 1.
- ◯ Tommy´s Popshow.
- ◯ Der blaue Bock.

Musik war aber nicht nur zum Zuhören wichtig – man konnte auch 1A dazu tanzen. Wenn man es konnte.

In der Disco hielt mich nix auf der Bank bei

....

Abzappeln war das eine, der Klammerblues das andere – oft auch viel Zielführendere.

Meine Opfer erlegte ich am liebsten zu den Klängen von

....

Und dann gab es die seltenen Momente, bei denen wir unsere Götter live auf der Bühne erleben durften.

Ich war im Konzert von

....

Weil die Superstars so selten zu Besuch kamen und die Karten auch echt teuer für uns waren, gingen wir auch zu den Konzerten von Bands aus unserer Gegend.

Meine Local Heroes waren

○   alle Bands, in denen ich selber mitgespielt habe.

○   alle Bands, die wenigstens lange Haare hatten.

....

Die 80er so...
LIVE AID!

Es gibt nicht viele Weltereignisse, die einem für immer so präsent bleiben, dass man sich sogar an den Ort erinnern kann, an dem man sie erlebt oder davon erfahren hat. Für unsere Generation sind das der Mauerfall, 9/11 und – Live Aid.

Das endgültige Festival, wie Woodstock, nur mit besserem Wetter und ohne verfilzte Hippies, live übertragen, von zwei Kontinenten und mit mehr Zuschauern als der Tatort und „Wetten, dass?" zusammen. Es war eine solche Ballung von Weltstars angetreten, um Afrika zu retten, dass man kurzzeitig darüber nachdachte, Teile von London zu evakuieren, um den in den Verträgen vorgeschriebenen Garderobenflächen gerecht werden zu können. Ein Musikfest für die Ewigkeit mit einem Bühnenprogramm, das heute noch in vielen Radiosendern in Dauerschleife läuft. Ein Gewinn für alle, außer vielleicht für einen: Der ehemalige Punkmusiker Bob Geldof, der das Festival gerüchtehalber eigentlich nur geplant hatte, um mit einer Charity-Aktion die lahmende Karriere wieder anzustoßen, wurde zwar für seinen Einsatz von der Queen ==zum Ritter geschlagen==, musste aber wegen des vielen Orga-Krimskrams hilflos zusehen, wie Kollege ==Michael Jackson== mit einem fluffigen Liedchen zum Event an seiner statt die megafette Kohle machte. Das Angebot Geldofs, den Rittertitel gegen den Tantiementitel zu tauschen, soll dann der Auslöser dafür gewesen sein, dass Jackson vor Lachen ganz blass wurde und nie wieder richtig Farbe annahm.

Und du so?

Live Aid, da klingelt was. Ist das nicht ...

○ ... das Fest gewesen, für dessen Abschlussparty diese englischen Minz-Schoko-Plättchen erfunden wurden? Wie hießen die doch gleich ... genau: „After Aid"!

○ ... dieser Wikinger gewesen? Oder hieß der Live Ericson? Oder Live Garett? Oder Live Nation? Ich weiß es nicht mehr ...

○ ... das Konzert gewesen, bei dem sich Jimmy Page noch vor dem Konzert volllaufen ließ, weil er mitansehen musste, wie ausgerechnet „You can't hurry Phil"-Collins in seiner Band Led Zeppelin ans Schlagzeug durfte?

Die 80er so...

I WANT
MY MTV!

VOLUME

Nix im Fernsehen, das starb mit der die Ankunft des VHS-Videorekorders, denn nun war Schnee auf der Mattscheibe endgültig Schnee von gestern. Heil dir, Videorekorder!

Fernsehen, das gibt es so richtig eigentlich erst seit den 80ern. Vorher, in der medialen Steinzeit, ernährten sich unsere mehr affenartigen Vorfahren von drei Fernsehprogrammen, die nicht einmal durchgängig zu empfangen waren.

Manche besonders primitiv gebliebenen Urwesen verzichteten dabei sogar auf Farbempfang und schauten **Schwarz-Weiß**. Nicht, weil sie es hipp fanden oder cool, sondern, weil sie es nicht besser wussten. O. Mein. Gott. Das änderte sich schlagartig mit der Einführung des Privatfernsehens. **SAT 1 und RTL** plus zeigten uns Dinge, die wir über Jahrhunderte schmerzlich vermisst haben müssen. Denn alle guckten zu und schufen so blitzschnell ein kulturelles Klima, in dem Trash und Unterschichtenhumor endlich ihren Platz in der Mitte der Gesellschaft finden konnten. **Privatfernsehen,** das war in den 80ern so **neu und spannend,** dass die Mauer letztendlich nur fiel, weil den Deutschen Ost der miese Empfang endgültig über die Hutschnur ging. So haben letztlich Leo Kirch und Helmut Kohl den Kommunismus besiegt. Aber wer weiß, vielleicht kommt er ja via Privatfernsehen wieder zurück? Als Reality Soap „Genosse Bachelor" oder als Dschungel-Camp Ost „Ich bin ein Kader – holt mich hier raus" in einem original DDR-Dorf-Interieur der 80er-Jahre?

„Bleiben Sie dran, nach nur einem Spot geht es weiter!"

Und du so?

FERNSEHEN, DER WAHNSINN.

Auch wir haben klein angefangen.

ARD, ZDF und .... als 3. Programm.

Aber das änderte sich rasch.

Meine Lieblingssender waren ganz schnell andere, nämlich

....

Weil die Mediathek und die Dauerwiederholung noch nicht erfunden waren, war das Programmieren des Videorekorders ein echtes Premium-Skill. Dazu brauchte man vor allem einen Show-View-Code – und den wiederum gab es nur in der Fernsehzeitung.

Die Beste war ganz klar

◯ Funkuhr.   ◯ TV Spielfilm.

◯ HÖRZU.   ◯ Gong.

....

Leider gab es kaum Gelegenheit, die so aufgezeichneten Sachen auch mal in Ruhe anzuschauen. Denn der Flimmerkasten lief schon morgens zu Hochform auf.

Ich machte auch schon mal blau, um nicht die nächste Folge von

○ Falcon Crest. ○ Reich und Schön.

○ Mr. Ed. ○ Springfield-Story.

zu verpassen.

Der frische Wind blies auch die ollen Fernsehansager aus ihren grau-steifen Sesseln. Dafür gab es jetzt Moderatoren.

Die Besten kenne ich heute noch mit Namen und Sendung.

Frank... **in**

„Wetten,..**?"**

Alfred... **in**

„Bio´s .... **"**

Hugo Egon... **in**

„Tutti -.. **"**

....**Zander in der**

„Platten... **"**

Marcel Reich -... im

„.. "

Stefan... bei

„.. "-TV

...................................Christiansen bei

den „.................................-Themen".

Das Epizentrum des Bösen lag in den 80ern nicht in Moskau oder in Pjöngjang, sondern in Dallas, Texas. Das ZDF berichtete wöchentlich – und alle sahen schaudernd zu.

Serien waren fester Bestandteil des täglichen Lebens – und bis heute weiß ich, auf welchem Kanal die wichtigsten zu sehen waren.

Ich beweise es, im 80er-Serien-Bingo!

	ARD	ZDF	Sat1	RTL	Dritte	Tele 5	Pro7
Denver Clan							
Schwarzwaldklinik							
ALF							
Eine schrecklich nette Familie							
Magnum							
Maverick							
Ein Colt für alle Fälle							
Das Model und der Schnüffler							
Liebling Kreuzberg							
Das A-Team							
Baywatch							

Ich hab's mir sooft angesehen, ich weiß noch
die besten Sprüche
vieler Serien:

⭕ **Rockpalast:**

Tschörmän Televischjon ....

⭕ **„Hütchenspieler" Salvatore:**

...., Salvatore

⭕ **A.L.F:**

Null ....

⭕ **Wetten, dass ...:**

Top, die ....

⭕ **1, 2 oder 3:**

Ob ihr Recht habt oder nicht, ...

....

⭕ **Pumuckl:**

Hurra, hurra, ...

Und dann erst die Sprüche aus der Werbung. Einfach Knaller!

Ich kaufe heute noch das Zeug wegen der Slogans wie dieser:

So wertvoll wie ein kleines Steak!

Hamburg 8.30h. Regen. Die Frisur sitzt!

First time, first love!

Like Ice in the Sunshine!

....heißt jetzt Twix,

sonst ändert sich nix!

Obwohl es immer und überall die Gelegenheit gab, in aller Ruhe auch mal alleine Fernsehen zu gucken, schauten wir trotzdem am liebsten zusammen.

Ganz besonders die großen Showsendungen wie

◯ **„Wetten, dass …?"**

mit ....

und später mit ....

◯ **„Auf Los geht's los"**

mit ....

◯ **„Ruck Zuck"**

mit ....

◯ **„So isses!"**

mit ....

◯ **„Herzblatt"**

mit ....

Es waren aber nicht nur einfach gemeinsame Familientermine vor der Glotze — zu manchen Sendungen gab es sogar ein Ritual.

Meine schönste Erinnerung dazu ist:

Die 80er so...

SCHÖNER ALS WIR IST NICHT GESCHMINKT

Die feinen Herrschaften Designer mögen sich in den 80ern sicher über das ein oder andere Gedanken gemacht haben: „Wo ist der Deinhard?!" zum Beispiel. Oder „Mama, ist der Mann mit dem Koks schon da"?. Aber darüber, was ihre knallbunten Kollektionen mit einem handelsüblichen Gesicht anstellen, darüber hat sich offenbar keiner so richtig einen Kopf gemacht.

Resultat: Selbst die Wangen der gesündesten Fitness-Jünger wirkten in diesen hyperkolorierten Textilorgien seltsam pastellen und irgendwie wächsern.
Damit schlug die Stunde der Visagisten.

Mit einem Aufwand an Make-Up, gegen den Indianer auf dem Kriegspfad wie Bleichgesichter und die Jungs von KISS wie frisch vom Kinderschminken wirkten, gelang es uns, im Gesicht nicht ständig hundert Jahre älter zu wirken als unsere eigene Kleidung. Kajal, Rouge, Lidschatten wurden so unsere ständigen Begleiter, genau wie Haarspray, Wet Gel und der Taschenfön. Das einzig Gute an dieser Form der Selbstentstellung war, dass man sie abends wieder abwischen konnte. Gut, dass tätowieren damals nur was für Knackis und Seeleute war ...

Und du so...?

Kleb dein
eigenes Foto ein!

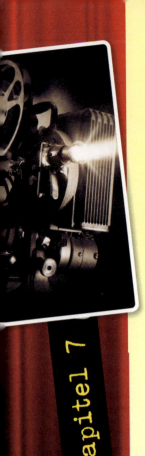

Fast noch besser als Fernsehen war aber Kino!

In jeder noch so kleinen Stadt gab es mindestens eins. Die Kinos in meiner Nähe hießen

....

Mein erster Film im Lichtspieltheater war

....

und meine Lieblingsfilme aus dieser Zeit sind bis heute:

Viele Figuren aus den Filmen wurden echte Vorbilder. Die hier **sind das** Role Model ...

- ○ meines Chefs.

- ○ meines Partners.

- ○ meiner Nachbarn.

- ○ eines bestimmten Kollegen, alle wissen, wen ich meine ...

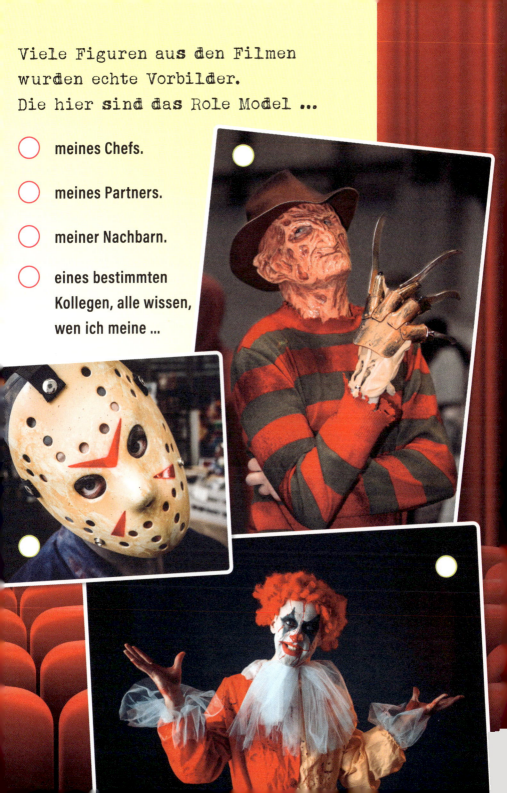

Ich hatte natürlich auch Lieblingshelden, denen ich heute zum Verwechseln ähnlich bin.

Ganz besonders ...

Jeder von uns hatte ein echtes

Kino-Idol,

das er rattenscharf fand.

Meins war ...

....

... und ich habe alle Filme gesehen, zum Beispiel

....

Manche Streifen waren so der Hammer,
dass ich sie mir zigmal angesehen habe.

Öfter als fünfmal war ich locker in

○ Top Gun. ○ Dirty Dancing.

○ Indiana Jones. ○ Terminator.

**Kino, das war ja nicht bloß Filme gucken.
Ich war dort auch gerne**

○ zur Überprüfung meines optischen FSK-Status.

○ zum Rauchen. ○ zum Weinen.

○ zum Knutschen, und zwar mit:

Und außerdem mit:

Manchmal sogar gleichzeitig!

Die 80er so...

THINGS LOST IN TIME AND SPACE

Wer nicht dabei war, kann es eigentlich nicht glauben: Ein Leben ohne Internet, Smartphones, Emails, YouTube, Amazon und Netflix. Viele Jüngere werden sich fragen: War das denn überhaupt schon Leben? Oder nur eine primitive Vorstufe davon? Tja, was will man sagen?

Und ob das Leben war! Und was für eins!

Wir haben mit Technologien und Kunststoffen hantiert, die heute jeden Abiturienten überfordern und jeden Allgemeinmediziner entsetzen würden. **Alles in dieser Welt war geschaffen aus Plastik.** Und zwar noch aus richtigem Plastik, mit ordentlich Weichmacher, Phenol und manchmal sogar Asbest drinne.

Besonders beliebt als Basismaterial für Kinderspielzeug und Schnuller, wohl, um die Kleinsten inmitten des Kalten Kriegs auf ihr Leben in der Post-Apokalypse vorzubereiten.

Außerdem frisch aus den 80ern: Technik to go. Walkman und Gameboy machten uns zur ersten Handheld-Generation – und zur coolsten obendrein. Vieles, was damals eine geradezu futuristische Sensation darstellte, steht heute schon lange im Museum. Was nicht heißen muss, dass man nicht besser dabei geblieben wäre.

Im Gegenteil. Hinterher ist man eben immer schlauer ...

Und du so...

In den 80ern hat man
Sachen gemacht, da denkt
heute kein Mensch
mehr dran. Abgefahrenen
Kram wie ...

○ einfach so mal zelten gehen.

○ und zwar ohne Wohnmobil, auf einem
Campingplatz.

○ angewiesen auf die öffentlichen Toiletten
und Gaskocher.

○ oder mit dem Interrail-Ticket mal eben mit dem
Zug bis nach Griechenland. Und danach nach
Portugal.

○ tagelang durch den Ostblock, ohne Chance,
mal zuhause anzurufen.

Oder, die Autos damals! Alles aus Stahl. Null Computer.

Ich saß in einem

....

....

Und kenne sogar
noch das Kennzeichen

....

Lieber hätte ich aber einen

....

gehabt, oder einen

....

Tempolimit? Pah, meine Karre schaffte locker

☐☐☐☐ km/h

Zuhause war der Fortschritt noch viel deutlicher zu sehen. Es begann schon in den Kinderzimmern.

Ich erinnere mich noch an:

○ den Mini-Senseo von MB

○ Transformers- und He-Man-Actionfiguren

○ Slime

○ eine Woche Krankenhaus nach dem ersten Ollie beim Street-Skateboarding

Wie alles begann. Die basalen Zutaten unserer heutigen Smartphone-Displays waren in den 80ern zwar nicht mehr räumlich, aber immer noch funktional strikt getrennt.

17 44

WIE HIEß DAS DING NOCH MAL?

○ **Geigerzähler „Tschernobyl"** mit Restradioaktivitätsanzeige für saure Regengüsse

○ **Countdown-Maschine „Last Christmas"** mit Alarmfunktion beim ersten Radioeinsatz

○ **Fernruf-Reißwolf „Shreddered Dreams"** mit automatischem Akteneinzug

○ **Diktiergerät „Schreibomat 2000"** mit Worterkennung „Basta"

○ **Rauchmelder „Helmut"** mit Kippenqualm-Detektor „Loki"

○ **Motorradhelm „Orient"** mit der Weltneuheit Reflektorensystem „Aladin"

○ **Badezimmer-Rippen-Kachelung,** die die teure Tapete besser zur Geltung kommen lässt

○ **Tisch-Untersetzerregal „Trautes Heim"** mit Sammeluntersetzern aus der ganzen Welt

○ **Dechiffriergerät „Mann/Frau"** zur Wegfindung bei gemeinsamen Autofahrten

○ **mobiler Cassettendoktor „Big Band"** mit No-Salat-Funktion

○ **LSD-Blättchen „Flippy Floppy"**

○ **Früchte vom LEGO-Baum,** unbehandelt

Mit den 80ern kam die Technik in unsere Häuser, und viele Zimmer ähnelten schnell dem Cockpit einer Raumkapsel. Zum Beispiel Computer.

Mein erster

....hatte

....Speicherplatz. Und hieß ....

....

natürlich ein Markengerät von...

Die vier bis fünf Stunden, die der Plastikkasten brauchte, um ein einfaches Spiel wie Tetris von zehn Disketten hochzuladen, vertrieben wir uns mit Geduldspielen, zum Beispiel dem Zauberwürfel.

Den habe ich ☐☐☐☐ Mal gelöst,

und zwar in nur ☐☐ Minuten.

Diese dreiste Lüge glauben bis heute

....

und...

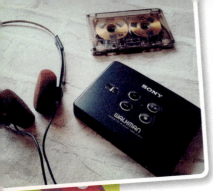

Gerne fuhrwerkten wir an dem „Würfel des Todes" auch unterwegs herum, zum Beispiel im Bus, und hörten dazu Musik auf dem Walkman von

....

Echtes High Tech gab es aber nach wie vor nur zuhause.

Dort stand schon in den 80ern bei mir ein(e)

○ Farbfernseher mit Fernbedienung und Teletext.

○ elektrischer Dosenöffner.

○ CD-Player.

○ VHS-Videorecorder.

○ Doppel-Tapedeck.

○ „Handclapper", der auf Händeklatschen das Licht einschaltete (die Mutter aller Alexas sozusagen).

○ Geschirrspüler.

○ Mikrowelle.

....

....

Immer ganz wichtig: Die richtige Marke musste es sein.

Das begann bei den Zigaretten. Wer was auf sich hielt, der rauchte

....

....

....

Und fuhr nicht protzig mit einem SUV, sondern smart ein Cabrio, am besten von

....

....

Weil es weder Instagram noch WhatsApp gab, um mit seinem Lifestyle und Mega-Gadgets rumzuprollen, musste man ein schickes, scharfes Foto schießen.

Meine Kamera war von

....

....

Und das sind meine Lieblings-Lieblingsbilder, die ich mit ihr gemacht habe:

Ich gestern:
Kleb dein
eigenes Foto ein!

Ich gestern:
Kleb dein
eigenes Foto ein!

Zu den Dingen aus den 80ern, die unwiderruflich verloren gegangen sind, gehören wohl die Videotheken. Ein Ort, dessen wichtige Funktion wir unseren Enkeln kaum werden erklären können.

Ich war dauernd dort und schaffte es dauernd nie, die Filme rechtzeitig zurückzubringen.

Meine höchste Strafgebühr war

....DM.

Und für die Rückgabe ohne Rückspulen zahlte man

....DM.

Meine Top-5-Ausleihfilme waren

1. ....

2. ....

3. ....

4. ....

5. ....

Beschrifte deine alte Sammlung:

Filme konnte man aber auch schon selber
drehen. Das Gerät dafür war der

....

Kameramann, Regisseur und Drehbuchautor war
in unserer Familie

....

Ich habe die Vorführung der Ergebnisse unter
Vorspiegelung falscher Tatsachen mindestens

 Mal
geschwänzt

und bin heute noch froh um die so
gewonnene Lebenszeit!

Er sah aus wie heute schweres Kriegsgerät, wog nur
unwesentlich weniger, machte dafür aber weitaus weniger
genaue Bilder. Der Camcorder der 80er war ein Irrläufer der
Evolution und ist heute zu Recht wegdigitalisiert.

DAS ULTIMATIVE 80ER-JAHRE-QUIZ

Du glaubst, du bist von gestern? Dann zeig, was du kannst.

1980 ist das Gründungsjahr von

(A) der Bundespartei „Die Grünen".

(B) des BER-Flughafens.

(C) der Vereinigten Staaten von Europa.

Und Lech Walensa wird

(A) zum Helden des Danziger Werftaufstands.

(B) Schiedsrichter beim EM-Endspiel.

(C) Talkmaster beim ZDF.

HAPPY SAINT PATRICK'S DAY

Seit 1980 hat der St. Patrick's Day in Deutschland eine eigene Partei. Leider ohne das Guinness und Absingen der schönen irischen Lieder. Deutsche halt, kein Spaß an der Freude.

War Solidarnosc 1980 polnischer Fußballmeister? Oder war das '81? Man müsste das mal googeln.

1981 wurde bereits

A) Ronald Reagan Präsident.

B) Ronald McDonald bekanntester Amerikaner weltweit.

C) Die Jubiläumsausgabe von „Ronald Ruck – Das lustige Taschenbuch" herausgegeben.

Das Teller-wäscher-Märchen, nie wurde es schneller wahr als bei The Ronald.

Der „ewige Prinz" Charles

A) heiratet Diana.

B) ruft die unabhängige Republik Schloss Windsor aus und erklärt sich zum König, solange Mama schläft.

C) infiziert sich mit der mysteriösen Segelohren-Erkrankung.

1982 kürt dann das TimeMagazine

A) den Computer zur „Maschine des Jahres".

B) Franz Beckenbauer zum „Man of the Match forever".

C) „Die Geißens" zu den „Mitarbeitern des Monats".

Michael Jackson

(A) schenkt der Welt den „Thriller" und den Moonwalk.

(B) wird als erstes Retortenbaby geboren.

(C) erhält als erster Basketballer wegen seiner Sprungkraft den Ehrennamen „Air Jackson".

1983 rutscht die SPD zum ersten Mal seit 1965 bei einer Bundestagswahl

(A) unter 40%.

(B) unter die letzten drei.

(C) unter die Gürtellinie.

Als spontane Reaktion darauf beschließt Dieter Bohlen

(A) die Gründung von Modern Talking.

(B) die Stationierung von Pershing II.

(C) die eingleisige 2. Bundesliga.

1984 singen WHAM zum ersten Mal

(A) Last Christmas.

(B) Last Man Standing.

(C) Last die Kinder zu mir kommen.

Und im Fernsehen gibt es zum ersten Mal

(A) RTL zu sehen.

(B) Netflix über Fernbedienung.

(C) Fernsehen gab es in den 80ern noch gar nicht!

. . . .

1985 gewinnt Boris Becker

(A) zum ersten Mal Wimbledon.

(B) seinen ersten Scheidungskrieg.

(C) beim Mau Mau und darf in die Mitte des Stuhlkreises.

Boris' Manager Ion Tiriac zahlt dem Spieler seinen Anteil des Preisgelds noch auf dem Rasen aus. Später sagt er dazu aus, dass er „den Jungen nicht mit Geld" habe kompromittieren wollen.

Und Oskar Lafontaine

(A) wird Ministerpräsident des Saarlands.

(B) durchquert das Saarland im Saab und kauft es.

(C) wird Mr. Saarland und erhält dafür die Saarschleife umgehängt.

Als erste, schwere Folge der Strahlen-katastrophe von Tschernobyl mutiert in Italien Berlusconi zum Präsidenten. Zunächst nur vom AC Mailand, aber wir wissen ja, wie das weitergegangen ist.

1986 passiert, was passieren musste:

(A) in Tschernobyl ereignet sich der erste GAU.

(B) Lothar Matthäus wird Bundestrainer.

(C) die Beatles lösen sich auf.

Und Diego Maradona

(A) entdeckt an sich selbst mit der „Hand Gottes" ein bis dahin nicht bekanntes Körperteil (und spielt gleich mal damit rum).

(B) gewinnt mit „Football's coming home" den Grand Prix d'Eurovision.

(C) dreht seinen ersten Italo-Western mit Bud Spencer.

1987 landet Mathias Rust

(A) auf dem Roten Platz in Moskau.

(B) mit „Cherie Cherie Lady" auf Platz 1 der Charts.

(C) einen Überraschungserfolg als 14. beim internationalen Hasenhetzen in der nordniederländischen Provinz.

Während Michael Gorbatschow im Zentralrat der KPdSU

(A) den Beginn von Perestroika verkündet.

(B) erklärt, das Wodka eine reine Seele hat.

(C) zum Weltmeister im Mutter-Malefiz gekürt wird.

1988 kostet das Benzin

(A) 95 Pfennig.

(B) Benzin? Was für Benzin? Es gab doch nüscht.

(C) Mag sein, aber dafür kostete „Fenster zum Hof" fünf Mark im Kino!

Und „Uns" Steffi Graf gewinnt

(A) den Golden Slam.

(B) den ersten Golfkrieg.

(C) im Lotto.

 **1989** klar, da

(A) fällt die Mauer.

(B) ist doch dieser Scheiß-Sommer mit dem Dauerregen gewesen.

(C) wurde Hertha BSC dank eines Freistoßes über die Mauer Deutscher Meister.

Und in Amerika wird

(A) George Bush Präsident.

(B) Robin Hood festgenommen.

(C) das letzte Einhorn getötet.

120

AUFLÖSUNG:

Immer:

(A) 100 von 100 Punkten! Du lebst noch immer in den 80er-Jahren. Kleiner Tipp, tausche die D-Mark-Bestände in deinem Kopfkissen beizeiten in Euro und schalte beim Fernsehen auch mal auf Knopf 4, 5 und 6. Dort warten gewaltige Überraschungen auf dich!

Auch mal:

(B) Nicht schlecht für einen Schimpansen. Und jetzt zurück in den Käfig mit dir!

Und sogar hier und da mal:

(C) Du hast das falsche Buch geschenkt bekommen. Versuche es mit „Uli, der Fehlerteufel" und mit „Der Alltag – ein Monster, das ich besiegen kann". Das wird deinen Bedürfnissen viel eher gerecht!

Welcher 80er-Typ bist DU?

Kleb dein
kultigstes Bild
der 1980er ein!

Die 80er waren für mich:

Schade, dass es das nicht mehr gibt:

Das werde ich NIE vergessen:

Das würde ich tun, wenn ich eine Zeitreise
in die 80er machen dürfte:

Bildnachweis

U1: Rand links: Martyshova Maria/ Shutterstock.com, links: New Africa/ Shutterstock.com, Mitte: Kramografie/ Adobe.com, rechts: Makstorm/ Shutterstock.com
U4: Rand rechts und Mitte Sticker: Martyshova Maria/ Shutterstock.com, links oben: JMiks/ Shutterstock.com, rechts oben: 3355m/ Shutterstock.com, unten: TierneyMJ/ Shutterstock.com

Seiten 14 links oben, 21 unten, 28 links, 30, 31 unten, 43 links unten, 60 links unten, 68 links unten, 73 unten, 76 unten, 111 unten: iStock by getty images
Seiten 2 bis 9, 122 bis 123, 126 bis 127 Rand links, Rand rechts: Martyshova Maria/ Shutterstock.com
Seiten 10 bis 21, 23 Rand links, Rand rechts: Yana Zahoruiko23/Shutterstock.com
Seiten 24 bis 37 Rand links, Rand rechts: Marianna Pashchuk/Shutterstock.com
Seiten 38 bis 43 und 47 bis 49 Rand links, Rand rechts: InnaPoka/Shutterstock.com
Seiten 6 (Button), 44 bis 46 Rand links, Rand rechts: Artefficient/Shutterstock.com
Seiten 6 (Button), 50 bis 58, 60, 61 Rand links, Rand rechts: SE Top Vektor Studio/ Shutterstock.com
Seiten 6 (Button), 62 bis 71 Rand links, Rand rechts: Mark Rademarker/Shutterstock.com
Seiten 7 (Button), 72 bis 77 und 80 bis 84 Rand links, Rand rechts: totally out/Shutterstock.com
Seiten 78 bis 79: tomertu/Shutterstock.com
Seiten 7 (Button), 84 bis 93 Rand links, Rand rechts: JMiks/Shutterstock.com
Seite 94 bis 95: Nattle/Shutterstock.com
Seiten 7 (Button), 96 bis 99 Hintergrund: Vectorpocket/Shutterstock.com
Seiten 7 (Button), 100 bis 113 Rand links, Rand rechts: faitotoro/Shutterstock.com
Seiten 7 (Button), 114 bis 121 Rand links, Rand rechts: Kratueng/Shutterstock.com
SE Top Vektor Studio/ Shutterstock.com, Mark Rademarker/ Shutterstock.com
Seite 7 (Button) Merydolla/ Shutterstock.com
Seite 9 rechts oben: TierneyMJ/ Shutterstock.co
Seite 9 rechts unten: Polina Petrenko/Shutterstock.com
Seite 10 oben: Yana Zahoruiko23/Shutterstock.com
Seite 10 unten: Garijs Polskis/Shutterstock.com
Seite 13 oben: Yana Zahoruiko23/Shutterstock.com
Seite 13 unten: 1000 Words/Shutterstock.com
Seite 14 rechts: Kateryna Larina/Shutterstock.com
Seite 14 links unten: 360b/Shutterstock.com
Seite 15 oben: OKing/Shutterstock.com
Seite 15 rechts: Viji71/Shutterstock.com
Seite 15 links unten: WHITE RABBIT83/Shutterstock.com
Seite 16 links oben: Edison Veiga/Shutterstock.com
Seite 16 rechts: Alan Heartfield/Shutterstock.com
Seite 16 unten: Edison Veiga/Shutterstock.com
Seite 17 oben: 3355m/Shutterstock.com
Seite 17 rechts unten: Nerthuz/Shutterstock.com
Seite 18 oben: Thalang Itsarranggura/Shutterstock.com
Seite 18 unten: Chirawan Thaiprasansap /Shutterstock.com
Seite 19 links unten: NinaMalyna/Shutterstock.com
Seite 19 rechts unten: Polina Petrenko/Shutterstock.com
Seite 22 links oben: Casimiro PT /Shutterstock.com
Seite 22 links Mitte: igorstevanovic /Shutterstock.com
Seite 22 links unten: pixelklex /Shutterstock.com
Seite 23 rechts Mitte: juefraphoto /Shutterstock.com
Seite 23 rechts unten: Vania Zhukevych/Shutterstock.com
Seite 25 unten: Roman Nerud/Shutterstock.com
Seite 26 links unten: oknoart/Shutterstock.com
Seite 26 rechts oben: Serjio74/Shutterstock.com
Seite 26 Mitte: Twin design/Shutterstock.com
Seite 26 links unten: Twin design/Shutterstock.com
Seite 28 rechts: Tasoph/Shutterstock.com
Seite 28 unten: Ilja Generalov/Shutterstock.com
Seite 29 rechts oben: CREATISTA/Shutterstock.com
Seite 31 links: ConstantinosZ/Shutterstock.com
Seite 31 rechts: Zurijeta/Shutterstock.com
Seite 32: Vladimir Wrangel/Shutterstock.com
Seite 36: Michael Kernbach
Seite 39: Zarya Maxim Alexandrovich/shutterstock.com
Seite 41 links: CTR Photos/Shutterstock.com
Seite 41 rechts: marysuperstudio/shutterstock.com
Seite 42: 360b/Shutterstock.com
Seite 43 links oben: Katya Havok/Shutterstock.com
Seite 43 rechts oben: Serhiy Shullye/Shutterstock.com
Seite 43 rechts Mitte: TierneyMJ/Shutterstock.com
Seite 43 links Mitte: Suzanne Tucker/Shutterstock.com
Seite 43 rechts unten: Mordechai Meiri/Shutterstock.com
Seite 44 unten: Lyudmila2509/Shutterstock.com
Seite 45 Mitte: Akvals/Shutterstock.com
Seite 45 unten: Goskova Tatiana/Shutterstock.com
Seite 47 rechts unten: emka74/Shutterstock.com
Seite 50 links: InesBazdar/Shutterstock.com
Seite 54 oben: Olga Ekatarincheva/Shutterstock.com
Seite 54 rechts unten: BCFC/Shutterstock.com
Seite 54 links unten: Pavel Isakov/Shutterstock.com
Seite 54 rechts unten: Anton_Ivanov/Shutterstock.com
Seite 57 Mitte: Martyshova Maria/Shutterstock.com
Seite 57 links unten: Monika Wisniewska/Shutterstock.com
Seite 57 rechts unten: InesBazdar/Shutterstock.com

Seite 59: Malina Franjicevic
Seite 61 rechts unten: monticello/Shutterstock.com
Seite 62 oben: Zovteva/Shutterstock.com
Seite 62 unten: Artur Didyk/Shutterstock.com
Seite 64 oben: Jochen Conrad/Shutterstock.com
Seite 64 links unten: EhayDy/Shutterstock.com
Seite 64 rechts unten: stanislave/Shutterstock.com
Seite 65: kai_foret/Shutterstock.com
Seite 66: MyImages - Micha/Shutterstock.com
Seite 67: Lime Studio/Shutterstock.com
Seite 69: New Africa/Shutterstock.com
Seite 70: cagi/Shutterstock.com
Seite 71: kireewong foto/Shutterstock.com
Seite 72: Michele Paccione/Shutterstock.com
Seite 73 oben: Perry Correl/Shutterstock.com
Seite 78 oben: triocean/Shutterstock.com
Seite 79 oben: Yeshe-la/Shutterstock.com
Seite 79 unten: Jiri Hera/Shutterstock.com
Seite 80 Mitte: MPIX/Shutterstock.com
Seite 82 links: Lenscap Photography/Shutterstock.com
Seite 84 oben: Choo Studio/Shutterstock.com
Seite 84 unten: Sinisha Karich/Shutterstock.com
Seite 87 rechts Mitte: Markus Wissmann/Shutterstock.com
Seite 87 rechts unten: 360b/Shutterstock.com
Seite 88: Pontus Edenberg/Shutterstock.com
Seite 91 links oben: spaxiax/Shutterstock.com
Seite 91 links Mitte: Pressmaster/Shutterstock.com
Seite 91 links Mitte: 360b/Shutterstock.com
Seite 91 links unten: Darios/Shutterstock.com
Seite 93 rechts oben: tele52/Shutterstock.com
Seite 93 links unten: ruzanna/Shutterstock.com
Seite 93 rechts unten: Jiri Hera/Shutterstock.com
Seite 94: Netfalls Remy Musser/Shutterstock.com
Seite 95 links: Nata Kuprova/Shutterstock.com
Seite 95 rechts: Merydolla/Shutterstock.com
Seite 96: Fer Gregory/Shutterstock.com
Seite 97 oben: Clare Louise Jackson/Shutterstock.com
Seite 97 Mitte: Phillip Maguire/Shutterstock.com
Seite 97 unten: Nomad_Soul/Shutterstock.com
Seite 98 links: Ga Fullner/Shutterstock.com
Seite 98 rechts oben: Featureflash Photo Agency/Shutterstock.com
Seite 98 rechts unten: mark reinstein/Shutterstock.com
Seite 101 links: Kramografie/Adobe.com
Seite 101 rechts: padu_foto/Shutterstock.com
Seite 101 unten: Peter Gudella/Shutterstock.com
Seite 102: robert paul van beets/Shutterstock.com
Seite 103: ilterriorm/Shutterstock.com
Seite 104 rechts oben: kamui29/Shutterstock.com
Seite 104 links: BrAt82/Shutterstock.com
Seite 104 rechts unten: Thalang Itsarranggura/Shutterstock.com
Seite 105 rechts oben: Stokkete/Shutterstock.com
Seite 105 Mitte: Piyapong Wongkam/Shutterstock.com
Seite 105 rechts unten: autsawin uttisin/Shutterstock.com
Seite 106 links oben: victoras/Shutterstock.com
Seite 106 links Mitte: Klaudia Pinter/Shutterstock.com
Seite 106 links unten: Fabrika Simf/Shutterstock.com
Seite 107: Makstorm/Shutterstock.com
Seite 108: JOKE777/Shutterstock.com
Seite 109 rechts oben: Theerani Ierdsri/Shutterstock.com
Seite 109 rechts unten: Alexs Kaa_Bregel/Shutterstock.com
Seite 111 oben: Sinisha Karich/Shutterstock.com
Seite 112: Olek Krugliak/Shutterstock.com
Seite 113: MyImages - Micha /Shutterstock.com
Seite 114 links: grmarc/Shutterstock.com
Seite 114 unten: Grabowski Foto/Shutterstock.com
Seite 115 rechts oben: mark reinstein/Shutterstock.com
Seite 115 rechts Mitte: BORIMAT PRAOKAEW/Shutterstock.com
Seite 115 rechts unten: 360b/Shutterstock.com
Seite 117 rechts oben: Kraft74/Shutterstock.com
Seite 117 rechts unten: mark reinstein/Shutterstock.com
Seite 118 links: Fabio Diena/Shutterstock.com
Seite 120 links: turfix/Shutterstock.com
Seite 120 rechts oben: neftali/Shutterstock.com
Seite 120 rechts unten: Evgeniya Porechenskaya/Shutterstock.com
Seite 125: interreklam/Shutterstock.com

Stickerbogen 1 (von links nach rechts)

Reihe 1: New Africa/Shutterstock.com, Martyshova Maria/Shutterstock.com
Reihe 2: iStock by getty images, Mark Rademarker/Shutterstock.com
Reihe 3: SE Top Vektor Studio/Shutterstock.com, Nata Kuprova/Shutterstock.com
Reihe 4: Polina Petrenko/Shutterstock.com, Makstorm/Shutterstock.com

Stickerbogen 2 (von links nach rechts)

Reihe 1: Nattle/Shutterstock.com, Yeshe-la/Shutterstock.com
Reihe 2: TierneyMJ/Shutterstock.com, Alexs Kaa_Bregel/Shutterstock.com
Reihe 3: InnaPoka/Shutterstock.com, Martyshova Maria/Shutterstock.com
Reihe 4: Marianna Pashchuk/Shutterstock.com, Martyshova Maria/Shutterstock.com

1. Auflage 2019

– Originalausgabe –

© 2019 Lappan Verlag in der Carlsen Verlag GmbH, Oldenburg/Hamburg

ISBN 978-3-8303-6353-8

Text: Michael Kernbach
Lektorat: Oliver Thomas Domzalski
Redaktion: Constanze Steindamm
Gestaltung und Herstellung: Ulrike Boekhoff
Stickerbogen: Ulrike Boekhoff
Druck und Bindung: Livonia Print
Printed in Latvia

Triff uns auf facebook.com/Lappan Verlag
und auf instagram.com/lappanverlag

www.lappan.de

FSC
www.fsc.org
MIX
Papier aus ver-
antwortungsvollen
Quellen
FSC® C002795